Wilde Tiere

Von Lydia Hauenschild

Illustriert von Lorenzo Orlandi

Mit vielen lustigen Zeichnungen
von Kerstin M. Schuld

Loewe

Bibliografische Information Der Deutschen Bibliothek
Die Deutsche Bibliothek verzeichnet diese Publikation
in der Deutschen Nationalbibliografie;
detaillierte bibliografische Daten sind im Internet
über *http://dnb.ddb.de* abrufbar.

Der Umwelt zuliebe ist dieses Buch
auf chlorfrei gebleichtem Papier gedruckt.

ISBN-10: 3-7855-5614-4
ISBN-13: 978-3-7855-5614-6
1. Auflage 2006
© 2006 Loewe Verlag GmbH, Bindlach
Umschlagillustration: Lorenzo Orlandi
Vignetten: Kerstin M. Schuld
Umschlaggestaltung: Andreas Henze
Printed in Italy (011)

www.loewe-verlag.de

Inhalt

Wo leben wilde Tiere?

Eigentlich ist jedes Tier, das nicht vom Menschen versorgt wird, ein wildes Tier. „Wilde Tiere" gibt es deshalb nicht nur im weit entfernten Afrika oder Australien, sondern auch ganz in unserer Nähe. Denn natürlich ist selbst die Schwalbe, die ihr Nest unter dem Hausdach baut, ein wildes Tier.

Alle diese Tiere sind „wilde" Tiere, die den Menschen nicht brauchen.

Siebenschläfer

Grünspecht

Laubfrosch

Igel

Spinne

Blindschleiche

● Trotzdem fallen uns nicht der Marienkäfer oder die Maus ein, wenn wir von wilden Tieren hören. Wir denken vielmehr an Lebewesen, die uns durch ihre Gefährlichkeit, ihre Schnelligkeit, ihre Größe oder auch durch ein ungewöhnliches Aussehen beeindrucken.

Der riesige Teufelsrochen sieht Furcht einflößend aus. Doch er ernährt sich hauptsächlich von winzigen Meeresorganismen, dem Plankton.

Der Puma lebt in Nord- und Südamerika. Er wird auch Berglöwe oder Panter genannt. Pumas sind sehr gute Kletterer.

● Leider sind viele wilde Tiere davon bedroht auszusterben. Ihr größter Feind ist der Mensch. Er tötet Krokodile und Löwen, weil er Angst vor ihnen hat. Er jagt Leoparden und exotische Vögel, um ihre wertvollen Felle und Federn zu verkaufen. Und wo der Mensch Wälder abholzt und Sümpfe trockenlegt, wird der Lebensraum der Tiere zerstört.

Der scheue und seltene Panda lebt in China. Große Schutzgebiete in den Bambuswäldern sollen sein Aussterben verhindern.

Auch Fledermäuse werden immer seltener. Der Mensch vergiftet ihre Nahrung, die Insekten.

9

Wie jagen Tiger?

Wenige Tiere flößen uns Menschen so viel Furcht ein wie der Tiger. Normalerweise sind Tiger aber sehr scheu und gehen den Menschen aus dem Weg. Nur alte oder behinderte Tiere, die kein schnelles Wild mehr jagen können, fallen auch Menschen an. Nachts streifen Tiger alleine durch die Wälder Asiens, um Rotwild oder Wildschweine aufzuspüren. Durch ihr gestreiftes Fell sind sie im Schatten der Bäume kaum zu erkennen. Das ausgezeichnete Gehör verrät ihnen, wo ein Opfer steht.

1 Geduckt schleicht sich der Tiger entgegen der Windrichtung an. So kann ihn das Opfer nicht wittern und entdecken.

2 Plötzlich springt der Tiger auf.

3 Durch das Gewicht des Tigers wird das Opfer zu Boden gerissen.

3

Jagdglück

Selbst der mächtige Tiger hat nicht immer Glück bei der Jagd. Nur etwa einer von zwanzig Versuchen führt zum Erfolg. Das Tier bleibt immer in der Nähe des Kadavers, bis der letzte Rest Fleisch abgenagt ist. Das kann bei großer Beute einige Tage dauern. Tiger zerren Kadaver deshalb häufig nahe ans Wasser. So kann die Raubkatze in Ruhe trinken, ohne das Fressen aus den Augen zu verlieren. Wenn ein Tiger seine Beute verlassen muss, bedeckt er sie mit Zweigen und Blättern.

● Tiger und Tigerin verteidigen jeweils ein eigenes großes Revier. Ist ein Weibchen paarungsbereit, wird der Tiger durch Duftmarken an Felsen und Büschen eingeladen, es zu besuchen. Nach der Paarung gehen beide wieder getrennte Wege. Das Weibchen zieht ihre zwei bis drei Jungen alleine auf.

Andere Katzenarten sind wasserscheu. Doch Tiger baden gerne!

Warum hat der Löwe eine Mähne?

Durch ihre prächtige Mähne sehen erwachsene Löwenmännchen größer und stärker aus, als sie sind. Das schüchtert jüngere Männchen ein, die den älteren Löwen die Weibchen wegnehmen wollen. Kommt es trotzdem zum Kampf, schützt die dichte Mähne den „König der Tiere" vor Prankenhieben und Bissen.

In den heißen Gebieten Ostafrikas leben Löwen in Rudeln. Den Tag verbringen die Tiere im Schatten und dösen.

Die Jungen dürfen mit den Schwanzquasten der Männchen spielen. So üben sie das Anspringen und Zupacken.

In den kühlen Abendstunden werden die Löwen aktiv. Doch nur die Weibchen gehen in der Dämmerung auf Jagd. Gemeinsam kreisen sie ihr Opfer ein. Da Löwen nicht besonders schnell sind, schleichen sie sich so nah wie möglich an. Erst dann brechen sie aus der Deckung hervor und reißen ihre Beute zu Boden.

Meist sind große Tiere wie Antilopen, Zebras und Gazellen Beute von Löwen.

Die Oryxantilope verteidigt sich mit spitzen Hörnern.

Das erlegte Tier wird vom ganzen Rudel gefressen. Ist die Beute klein, gibt es dabei Streitereien, und die jüngsten Tiere bekommen nichts ab. Nach dem Mahl putzen sich die Löwen ausgiebig Schnauze und Pranken – und schlafen wieder.

Löwen sind faul: Oft stehlen sie Beute von Hyänen.

Der Gepard kann schneller laufen als jedes andere Säugetier. Über kurze, ebene Strecken erreicht er eine Geschwindigkeit von bis zu hundert Kilometern in der Stunde. Möglich machen das sein sehr schlanker Körper und die hohen Beine. Der lange Schwanz hilft, im schnellen Lauf zu wenden.

Geparden sind die einzigen Katzen, die ihre Krallen nicht einziehen. Dadurch haben die Tiere beim Rennen bessere Bodenhaftung.

In den kaum bewachsenen Steppen Afrikas kann sich der Gepard auf der Jagd nur schwer verstecken. Oft ist ein Sprint nötig, um das fliehende Opfer einzuholen. Hat der Gepard seine Beute nach 300 Metern nicht gefangen, muss er erschöpft aufgeben.

● Männchen und Weibchen leben und jagen getrennt. Solange ihre Mutter auf Beutefang ist, warten die Jungen ruhig hinter hohen Grasbüscheln. Nach der Jagd zerrt das Weibchen die Beute möglichst schnell ins Gestrüpp. Selbst dem mutigsten Geparden könnte ein Rudel Hyänen das Fressen entreißen.

Achtung, Safari!

In Asien sind Geparden durch Jäger fast ausgerottet worden. Auch in Afrika werden sie immer seltener. Schuld daran sind aber nicht Jäger, sondern Touristen, die auf Safari gehen. Sobald Safari-Führer einen Geparden entdecken, lenken sie ihre Busse dicht an ihn heran, damit die Urlauber fotografieren können. Deshalb können die Raubkatzen kaum noch ungestört jagen.

● Früher ließen Herrscher Geparden zähmen und als Jagdbegleiter abrichten. Mit einer Kappe über dem Kopf wurde das Tier ins Jagdgebiet gebracht. Dort nahm man dem Geparden die Kappe ab und hetzte ihn auf das Opfer.

Das große Fluss- oder Nilpferd lebt in den Flüssen und Seen des tropischen Afrikas. Mit seinen Kiefern kann das mächtige Tier selbst stabile Holzboote zertrümmern. Vor gähnenden Flusspferden sollte man daher auf der Hut sein – denn das ist eine eindeutige Drohgebärde!

Jeder Bulle teilt sich sein Revier mit einigen Kühen und Kälbern. Andere Männchen werden nicht geduldet.

Die größte Gefahr durch Tiere geht in Afrika nicht von Giftschlangen oder Raubkatzen aus, sondern von angriffslustigen Flusspferden.

Kämpfende Bullen brüllen markerschütternd.

Sie können sich mit ihren Eckzähnen gefährliche Wunden zufügen.

● Tagsüber dösen Flusspferde meist im warmen Wasser. Nur ihre Augen, die verschließbaren Nasenlöcher und die kleinen, immerzu kreisenden Ohren ragen heraus. An Land schützt eine rote Flüssigkeit aus besonderen Schleimdrüsen die empfindliche Haut der Tiere. Früher glaubte man deshalb, Flusspferde würden Blut schwitzen.

Die Nilpferdkuh bringt ihr Junges im Wasser zur Welt.

● Nach der Geburt wird das Kalb noch einige Tage unter Wasser gesäugt. Dort ist es vor Raubtieren sicher. An Land muss die Mutter ihr Kind gegen Löwen, Hyänen und Leoparden verteidigen.

Die Nilpferdkuh verteidigt ihr Junges.

Der Madenhacker ist ein kleiner Vogel, der mit dem riesigen Nashorn eine besondere Gemeinschaft bildet. Er setzt sich auf den Rücken des Tieres und pickt ihm das Ungeziefer aus der harten, ledrigen Haut. So kommt der Vogel zu seiner Mahlzeit und das Nashorn zur Körperpflege.

Eine Beziehung, von der beide Tiere Nutzen haben, nennt man Symbiose.

Nashörner sind friedliche Pflanzenfresser. Da sie schlecht sehen, sind sie jedoch schreckhaft. Wenn sie sich bedroht fühlen, greifen sie wütend an.

Nashörner sehen plump aus, sind aber sehr wendig. Ganz plötzlich können sie die Laufrichtung ändern und auf den Gegner losstürmen.

● Leider haben Wilderer die Nashörner fast ausgerottet. Sie töten die Tiere wegen des Horns. Vor allem in Asien glauben viele Menschen, dass die zu Pulver gemahlenen Hörner besondere Kräfte besitzen. Doch das ist falsch. Das Horn besteht lediglich aus dicht zusammengepresstem Haar und ist keine Medizin.

Nashörner in Afrika

Nashörner in Asien

In Asien leben noch drei Nashornarten. Durch strenge Bewachung versucht man, die letzten 1500 Panzernashörner zu schützen. Das Sumatra-Nashorn und das Java-Nashorn sind dagegen bis auf etwa 100 Exemplare ausgestorben. Das Sumatra-Nashorn ist das kleinste lebende Nashorn. Im Gegensatz zu den beiden anderen asiatischen Nashornarten hat es zwei Hörner.

Das kleine Spitzmaulnashorn pflückt mit spitzer Oberlippe Blätter von den Bäumen.

Das Breitmaulnashorn weidet mit seinem breiten Maul Gräser ab.

Panzernashörner besitzen nur ein Horn. Ihre dicke Haut ist so in Falten gelegt, dass „Panzerplatten" entstehen. Die runden Flecken an den Rändern sehen dabei wie Nieten aus.

Der Rüssel des Elefanten bildete sich aus Nase und Oberlippe, die über Millionen von Jahren immer länger wurden. Er dient zum Atmen, zum Riechen und zum Streicheln befreundeter Elefanten. Außerdem pflücken die Pflanzenfresser damit Blätter, Rinde und Früchte von den Bäumen oder saugen Wasser auf, um es sich ins Maul zu spritzen. Und wer sonst im Tierreich besitzt eine Dusche, um sich zur Kühlung Schlamm über den Rücken zu gießen?

Der Rüssel dient auch als Trompete.

Die erfahrene Leitkuh beschützt die Herde.

In einer Herde leben nur Weibchen und ihre Jungen. Bullen stoßen zur Paarungszeit dazu.

● Elefanten sind die größten leben-
den Landtiere. Die Tragzeit des Weib-
chens ist mit fast zwei Jahren die
längste unter den Säugetieren. Schon
das Neugeborene wiegt mehr als ein
erwachsener Mensch.

Junge Kälber
werden vor
Raubtieren
geschützt.

Elefantenkühe bilden einen
Schutzwall um Mutter und Kind.

● Der Asiatische und der Afrikanische Elefant sehen sich
sehr ähnlich. Doch es gibt einige Unterschiede. Insgesamt
ist der Asiatische Elefant kleiner als der Afrikanische.

Asiatischer Elefant

ein Greiffinger
an Rüsselspitze

runder
Rücken

glatte
Haut

Höcker
an Stirn

kleine
Ohren

kleine Stoßzähne

Afrikanischer Elefant

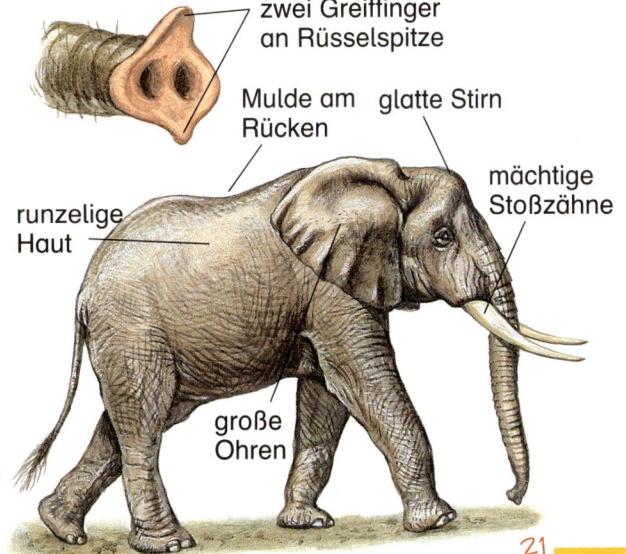

zwei Greiffinger
an Rüsselspitze

Mulde am   glatte Stirn
Rücken

mächtige
Stoßzähne

runzelige
Haut

große
Ohren

Wie trinken Giraffen?

Kein anderes Tier der Erde wird so groß wie die Langhalsgiraffe. Bei einem zweistöckigen Haus könnten diese Tiere bequem aus der Dachrinne trinken. Doch an den Wasserlöchern der afrikanischen Baumsteppen ist der lange Hals hinderlich. Zum Trinken müssen Giraffen die Beine sehr weit auseinander spreizen.

Das gemusterte Fell tarnt Giraffen im Schatten.

Als „Wachtürme" der Steppe warnen Giraffen tagsüber die kleineren Tiere.

Giraffen rupfen mühelos die obersten Blätter der Bäume ab.

Oft schließen sich Giraffen Gnus oder Zebras an.

Mit ihrer langen, schmalen Zunge umschlingen Giraffen selbst Stacheln und Dornen.

● Giraffen laufen Feinden mit ihren langen Beinen mühelos davon. Nur im Schlaf sind sie in Gefahr. Deshalb dösen Giraffen meistens in einer Art Halbschlaf im Stehen vor sich hin und schlafen nur etwa fünf Minuten lang tief und fest.

Das Neugeborene ist schon bei der Geburt zwei Meter groß. Es lernt in wenigen Minuten, auf seinen langen, dünnen Beinen zu stehen.

● Giraffen bringen ihren Nachwuchs stehend zur Welt, damit sie die Umgebung im Auge behalten können. Das Kleine fällt aus einer Höhe von zwei Metern auf den Boden. Aber es bricht sich dabei nichts, denn seine Knochen sind noch weich.

Auch das Okapi gehört zur Familie der Giraffen. Es wird Kurzhals- oder Waldgiraffe genannt und lebt im Urwald Zentralafrikas.

Bei den Zebras im Zoo fällt uns am meisten die schwarzweiße Zeichnung ihres Fells auf. In ihrer Heimat erweist sich das Muster dagegen als guter Sichtschutz, denn im Geflimmer der heißen Luft Ostafrikas verwischen die Umrisse der Tiere durch die Streifen.

Witterndes Zebra

Jedes Zebra hat ein eigenes Muster. Es ist so einmalig wie ein Fingerabdruck. Neugeborene merken sich deshalb nicht nur den Geruch ihrer Mutter, sondern prägen sich auch ihr Streifenmuster ein.

An der Zeichnung des Fells lassen sich auch verschiedene Zebraarten erkennen.

Bergzebra

Steppenzebra

Grevyzebra

● Zebras sind die Wildpferde Afrikas. Trotz ihrer Verwandtschaft mit unseren Hauspferden lassen sie sich aber kaum zähmen. Selbst Zebras, die im Zoo geboren wurden, lassen niemanden auf sich reiten. Wie die Hauspferde helfen sich Zebras bei der Fellpflege und beknabbern sich gegenseitig Hals und Mähne.

Mit ihren Schwänzen scheuchen sich Zebras gegenseitig lästige Fliegen vom Kopf.

● Wenn in den Trockenzeiten alle Wasserlöcher austrocknen, schließen sich die kleinen Familien zu Herden aus hunderten von Tieren zusammen. Gemeinsam wandern die durstigen Zebras über große Entfernungen in feuchtere Gebiete.

Orang-Utans sind die einzigen Menschenaffen Asiens. Sie leben in den tropischen Regenwäldern Borneos und Sumatras und erhielten dort auch ihren Namen: Orang-Utan bedeutet übersetzt „Waldmensch". Den Bewohnern dieser Gegenden fiel also schon früh auf, wie ähnlich der Orang-Utan den Menschen ist.

Backenwülste lassen das Gesicht des Männchens wie einen Teller aussehen.

Die zotteligen Haare werden bis zu einem halben Meter lang.

Der lange Gesang

Manchmal ertönt im Dschungel ein Brüllen, das immer stärker wird und endlich mit einem lang gezogenen Grunzen ausklingt. Dieser Ruf des Männchens vertreibt Rivalen und lockt Weibchen an.

● Am sichersten fühlen sich Orang-Utans auf Bäumen. Mit ihren langen Armen hangeln sie sich von Wipfel zu Wipfel. Doch sie haben es nicht eilig. Bedächtig bringen sie mit ihrem Gewicht die Baumkrone, in der sie sitzen, ins Schwanken, bis sie den nächsten Baum greifen können. Orang-Utans legen dabei selten weite Strecken zurück.

Junge Orang-Utans leben einige Jahre bei der Mutter. Sie lernen von ihr Klettern und Knospen und Termiten zu fressen – und den gefährlichen Tiger mit Ästen und Obst zu bewerfen.

● Obst ist im tropischen Regenwald eher selten. Es wächst oft nur auf weit auseinander stehenden Bäumen. Aber Orang-Utans haben ein sehr gutes Gedächtnis und finden die reifen Früchte jedes Jahr mit großer Sicherheit. Sie sind wie alle Menschenaffen sehr intelligent.

In Versuchen stapeln Orang-Utans Kisten aufeinander, um einen hoch aufgehängten Leckerbissen zu erreichen.

Schimpansen gelten als die klügsten Menschenaffen. Im Zirkus oder im Fernsehen führen sie oft erstaunliche Kunststücke vor. Sie fahren zum Beispiel Motorrad oder malen Bilder. Aber so nett Schimpansen aussehen: Im Gegensatz zu Orang-Utans und Gorillas sind sie angriffslustige Tiere. Besonders ältere Schimpansen sind unberechenbar.

Neugeborene halten sich am Bauch der Mutter fest, wenn die Gruppe wandert.

Ältere Junge dürfen auf dem Rücken reiten.

Schimpansen sind die einzigen Menschenaffen, die nicht nur pflanzliche Nahrung fressen. In ihrer Heimat Afrika fangen sie auch junge Schweine, Antilopen oder kleinere Affen.

Schimpansenmännchen zeigen sich ihre Freundschaft durch gegenseitige Fellpflege.

● Schimpansen sind unsere nächsten Verwandten im Tierreich. Sie haben wie wir Menschen sehr bewegliche Gesichtszüge und können damit Gefühle ausdrücken. Wenn sich ein Schimpanse freut, zeigt er ein breites Grinsen.

Durch Wortsymbole können sich Schimpansen mit Forschern verständigen. Sie bilden daraus einfache Sätze.

● In der Natur nutzen Schimpansen ihre Intelligenz, um Werkzeuge zu erfinden. Früher dachte man, nur Menschen wären so schlau. Doch Forscher haben zum Beispiel beobachtet, dass Schimpansen Stöcke herstellen: Sie entfernen Blätter und Zweige von Ästen, um damit in Termitenbauten nach Nahrung stochern zu können.

Durch Zuschauen lernen Schimpansen viel von ihren Artgenossen.

Wenn Schimpansen etwas nicht anfassen wollen, „befühlen" sie es mit einem Zweig und riechen prüfend am Holz.

Die Heimat fast aller Kängurus ist Australien. Dort gibt es etwa fünfzig verschiedene Känguruarten. Das Zwergkänguru ist zum Beispiel nicht größer als ein Kaninchen, während das Rote Riesenkänguru einen erwachsenen Menschen überragt. Aber egal, ob klein oder groß – jedes Känguru-Weibchen hat vorne am Bauch einen Beutel. Darin wachsen nach der Geburt die Jungen heran.

Kängurus sind bei ihrer Geburt nicht länger als ein Streichholz.

Kriechender Känguru-Keimling

Geburtsöffnung

Das blinde Junge schafft Erstaunliches: Es klettert von der Geburtsöffnung in den Beutel der Mutter. Hier saugt es sich an einer Zitze fest und trinkt Milch.

Mit neun Monaten ist das junge Känguru für den Beutel endgültig zu groß. Milch nascht es aber noch immer gerne. Solange es die Mutter erlaubt, steckt das Heranwachsende den Kopf in den Beutel.

● Kängurus sind ziemlich streitsüchtig. Im Kampf richten sie sich hoch auf und versuchen, den Gegner durch boxende Bewegungen abzuwehren und zu täuschen. Derartige Kämpfe können sogar tödlich enden. Denn plötzlich stützt sich ein Känguru nur noch auf seinen Schwanz und tritt den Gegner mit den Hinterbeinen kräftig in den Unterleib.

Mit der langen, scharfen Nagelkralle an seiner vierten Zehe kann das Känguru einem Angreifer den Bauch aufschlitzen.

● Kängurus bewegen sich hüpfend fort. Beim langsamen Grasen stützen sie sich auf ihre kurzen Vorderfüße und den Schwanz. Fliehende Kängurus stoßen sich dagegen nur mit den kräftigen Hinterbeinen vom Boden ab. Durch den Schwanz bleibt der Körper immer im Gleichgewicht.

Das Rote Riesenkänguru kann drei Meter hoch und über zehn Meter weit springen.

Als Forscher in Europa zum ersten Mal ein ausgestopftes Schnabeltier aus Australien sahen, hielten sie es für einen Scherz. Sein Schnabel schien von einer Ente zu stammen, das Fell vom Otter und der platte Ruderschwanz vom Biber. Die Forscher glaubten, ein Spaßvogel habe die unterschiedlichen Teile zusammengenäht, um sie als seltsame neue Tierart auszugeben.

Schnabeltiere legen Höhlen an. Ihr Zugang liegt unter der Wasseroberfläche. Lange Tunnel laufen in der Uferböschung nach oben in die Wohnkammer.

Ein hohler Stachel an den Hinterfüßen des Männchens ist mit einer Giftdrüse verbunden. Stiche fügen schmerzhafte Wunden zu.

Im Schnabel befinden sich empfindliche Tastkörper, mit denen das Tier Essbares ertastet.

Eifrig stöbert das Schnabeltier im Schlamm des Flusses nach Würmern, Krebsen und Wasserinsekten. Es taucht immer mit geschlossenen Augen.

Unter Wasser wird die Beute in geräumigen Backentaschen gesammelt.

An der Wasseroberfläche zerquetscht das Tier die Beute im zahnlosen Schnabel.

● Die Forscher staunten noch mehr, als sie entdeckten, wie sich das Schnabeltier vermehrt: denn es ist außer den australischen Ameisenigeln das einzige Tier, das Eier legt, aber den Nachwuchs mit Milch ernährt. Man bezeichnet Schnabeltiere daher als „Eier legende Säugetiere".

Das trächtige Weibchen gräbt eine Bruthöhle und verschließt den Gang mit schützenden Erdwällen. Dann legt es zwei bis drei kleine Eier und wärmt diese mit seinem pelzigen Körper. Etwa zehn Tage später schlüpfen die Jungen.

Seltsame Tiere

Australien ist die Heimat einiger erstaunlicher Tierarten. Der riesige Kontinent wurde nämlich schon vor Jahrmillionen von allen anderen Kontinenten getrennt.
So konnten sich einzigartige Tiere entwickeln, zum Beispiel auch die Beuteltiere.

Schnabeltiere haben keine Zitzen, an denen die Jungen saugen können. Die Kleinen lecken einfach die Milch auf, die am Bauch der Mutter aus vergrößerten Hautdrüsen austritt.

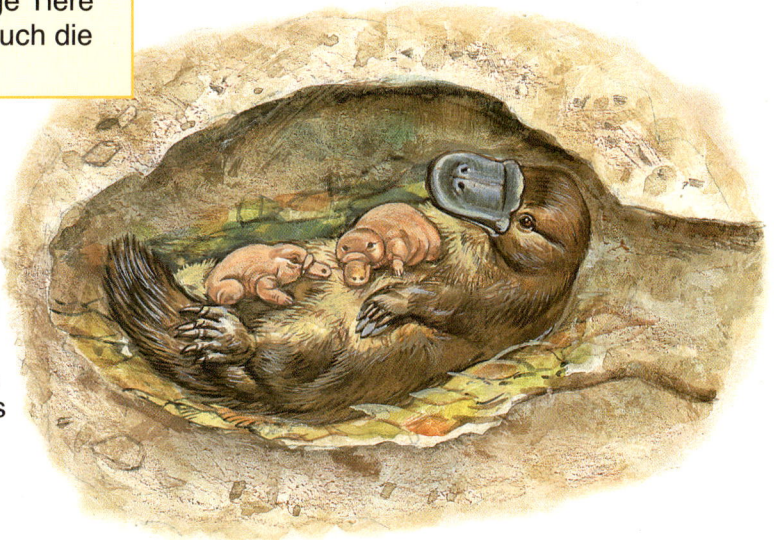

Die großen Saurier, die vor Urzeiten die Erde bewohnten, starben vor etwa 65 Millionen Jahren aus. Doch unsere heutigen Krokodile sind Überlebende dieser einst so riesigen Gruppe. Krokodile haben ihr Aussehen seit damals kaum verändert. Ihre gepanzerte Haut ist also wirklich „urtümlich"! Krokodile teilt man in Echte Krokodile, Alligatoren und den Gavial auf. Sie lassen sich gut unterscheiden.

Echtes Krokodil

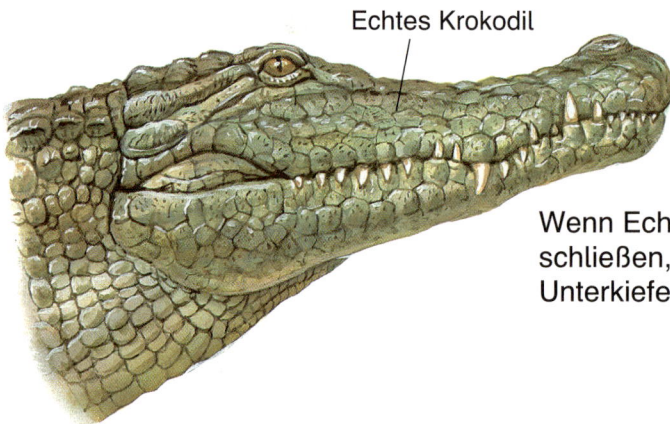

Wenn Echte Krokodile ihr Maul schließen, bleibt der vierte Zahn des Unterkiefers von außen sichtbar.

Bei Alligatoren sind bei geschlossenem Maul die unteren Zähne verdeckt. Ihre Schnauzen sind kürzer und breiter als die der meisten Echten Krokodile.

Alligator

Gavial

Den indischen Gavial erkennt man an seiner langen, sehr schmalen Schnauze. Mit den vielen spitzen Zähnen kann er gut schlüpfrige Fische festhalten. Sie sind seine Hauptnahrung.

● Alle Krokodilarten verbringen viel Zeit im Wasser. Sie sonnen sich aber auch gerne auf Sandbänken. Wenn man nicht genau hinguckt, kann man die bis zu sechs Meter langen Tiere für Baumstämme halten.

Krokodile sind wechselwarme Reptilien: Ihre Körpertemperatur hängt von der Umgebung ab. Ist es kalt, sind auch die Krokodile kalt und träge. Sie leben daher in tropisch-heißen Ländern.

● Krokodilweibchen legen Eier. Mit Schnauze und Vorderfüßen graben sie eine Mulde am Flussufer, legen zwanzig bis hundert Eier hinein und scharren das Nest mit Sand oder Erde zu. Durch die Sonnenwärme werden die Eier ausgebrütet.

Wenn die Kleinen schlüpfen, rufen sie ihre Mutter durch Grunzlaute. Behutsam gräbt sie das Nest auf und trägt die Jungen im Maul sicher zum Wasser.

Wölfe bilden Rudel aus zehn bis zwanzig Mitgliedern. Die Rangordnung in dieser Gruppe folgt strengen Regeln. Um sich darüber zu verständigen, benutzen Wölfe eine Sprache, die sich aus Körperhaltung und Lauten zusammensetzt. Durch diese Signale kennt jedes Tier seinen Platz in der Familie und seine Aufgabe bei der gemeinsamen Jagd.

Typische Haltung in niederer Rangordnung

Ohren und Schwanz des Leitwolfes sind aufgerichtet.

Der Wolf ist der Vorfahr aller heutigen Hunderassen. Man kann seine Körpersprache deshalb bei jedem Haushund beobachten.

Auch Kämpfe haben Regeln. Der unterlegene Wolf nimmt die Demutshaltung ein: Er wendet dem Gegner seinen Hals, die verwundbarste Stelle, zu. Doch der Sieger beißt nicht zu – es wäre zum Schaden des Rudels, wenn sich die Familie gegenseitig töten würde.

Die Tiere des Rudels lecken das Fell der Welpen und spielen mit ihnen.

● Wölfe helfen einander. Wenn ein Weibchen zur Zeit der Geburt in der Höhle bleiben muss, bringen ihm andere Tiere des Rudels Futter. Sobald die Welpen dann nach vier Wochen zum ersten Mal aus der Höhle kommen, werden sie von der restlichen Familie freundlich begrüßt.

Ab dem fünften Monat lernen junge Wölfe, mit dem Rudel zu jagen. Wölfe können sehr lange Strecken laufen. Sie hetzen ihr Opfer, bis es erschöpft ist.

Heulende Wölfe

Wölfe stimmen ein schauriges Heulen an, um feindliche Rudel fern zu halten. Erst wirft der Leitwolf den Kopf zurück und stimmt einen lang gezogenen Ton an. Dann fallen die anderen Tiere mit ein. Das Heulen ist bis zu zehn Kilometer weit zu hören. So groß sind die Reviere der Wölfe.

Warum friert der Eisbär nicht?

Eisbären leben in der Arktis rund um den Nordpol. Dort ist es bitterkalt. Trotzdem wandern die Tiere oft stundenlang durch die Eiswüste und schwimmen sogar von einer Eisscholle zur nächsten. Verschiedene Eigenschaften seines Körpers schützen den Eisbären vor dem Frieren.

Die Fußsohlen des Eisbären sind behaart.

Die angefutterte Speckschicht wärmt wie ein dicker Mantel.

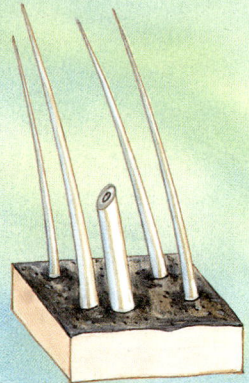

Die Haare des dichten Eisbärenfells sind hohl. Die darin enthaltene Luft isoliert gegen Kälte.

Die kleinen Ohren geben weniger Körperwärme ab als große Ohren.

Der Eisbär ist der einzige Bär, der sich nur von Fleisch ernährt. Er ist damit das größte Fleisch fressende Säugetier. Eisbären fressen besonders fettreiche Nahrung.

Robbe

Typische Beutetiere

Walross

Fisch

Polarfuchs

Kaninchen

Rentier

Braunbären sind die am weitesten verbreiteten Großbären. In Europa leben heute aber nur noch etwa 300 Exemplare und in Deutschland gar keine mehr. Bären halten keinen Winterschlaf, sondern eine Winterruhe. In einer Höhle dösen sie monatelang vor sich hin. Alle zwei Jahre bringt das Weibchen in dieser Zeit ihre Kinder zur Welt. Während es draußen schneit, nuckeln die Kleinen die Milch der Mutter.

Der nordamerikanische Braunbär heißt Grislibär. Mit einem einzigen Tatzenschlag angelt er Lachse aus den Flüssen.

Braunbären sind echte Leckermäuler. Am liebsten fressen sie süße Früchte. Und für Honig nehmen sie sogar die Stiche wütender Bienen auf sich!

Wie pummelige Teddys tapsen die Bärenjungen im Frühling zum ersten Mal in die Sonne hinaus und begleiten ihre Mutter auf der Futtersuche.

Zu den Bildern auf dieser Seite wird dir jeweils eine Frage gestellt. Wenn dir die Antwort nicht einfällt, dann suche im Buch einfach die abgebildete Illustration.

Wo leben Kängurus?

Woraus besteht das Horn eines Nashorns?

Wie schnell kann ein Gepard laufen?

Warum heulen Wölfe?

Kann man auf Zebras reiten?

Wodurch unterscheiden
sich der Asiatische und
der Afrikanische Elefant?

Wie wird ein
Nilpferdkälbchen
geboren?

Warum singen
Orang-Utans?

Was ist ein
Silberrücken?

Wie schlafen Giraffen?

Register

FRAG MICH WAS!

Das wollen Kinder wissen!

Feuerwehr

Polizei

Mein Körper

Autos

Fußball

Flugzeuge

Die Erde

Dinosaurier

Piraten

Indianer

Pferde

Sonne, Mond und Sterne

Ritter

Schiffe

Vulkane

Hunde

Wale und Delfine

Loewe